Andrea Schwarz
Mich zart berühren lassen von dir

Andrea Schwarz

Mich zart berühren lassen von dir Lieder der Liebe

Mit Zeichnungen von Beate Klein

PATMOS VERLAG

Eine Zeit zu lieben

Liebe fragt nicht
ob gelegen
oder ungelegen
es ist Zeit

sie fragt nicht
nach Hoffnung
und Zukunft
es ist Zeit

sie fragt nicht
nach der Meinung
der anderen
es ist Zeit

irgendwie
ist sie
auf einmal da
es ist Zeit

sie kommt
mit Rosen
und Tränen
es ist Zeit

sie kommt
und du kannst dich
nicht wehren
es ist Zeit

es ist Zeit
dich der Liebe zu geben
Leben zu spüren
Liebe zu leben

Das Hohelied Salomos

ungewisses Sehnen
ein Hoffen
ein Ahnen

suchen
sich öffnen
und riskieren

ganz plötzlich
ein Blitz
ein Schrei

erfasst sein
entflammt sein
und lichterloh brennen

ein letzter lichter Moment des Denkens
warum gerade ich und
wieso gerade jetzt

um dann nur noch zu sein
entflammt entbrannt
verwirrt und vollkommen durcheinander

und ganz leis'
erklingt
dein Lied

in mir

Mit Küssen seines Mundes küsse er mich.
Süßer als Wein ist deine Liebe.

mein Sehnen
zerreißt mich

und doch
scheue ich zurück

ich will dich
und weiß doch

nichts wird mehr so sein
wie es mal war

du stellst meine Welt
auf den Kopf

Umbruch
Aufbruch

und doch
zieht mich alles zu dir

Sehnen und Hoffnung
Träume und ein vielleicht

ich weiß nicht
und will doch

komm
Freund
Geliebter

Köstlich ist der Duft deiner Salben,
dein Name hingegossenes Salböl;
darum lieben dich die jungen Frauen.

du hast mich
ergriffen
berührt
verwirrt

ich will mich trauen
und bin voll Angst
ich will mich lassen
und komme doch nicht los

ich zögere
und bin doch gewillt
ich warte
und bin doch entschlossen

ich bin verunsichert
und doch gewiss
bin bang
und doch bereit

schenk mir
ein Wort
sag mir
das Wort

und ich
komme mit
wohin du
auch immer gehst

Zieh mich her hinter dir!
Lass uns eilen!
Der König führt mich in seine Gemächer.
Jauchzen lasst uns, deiner uns freuen,
deine Liebe höher rühmen als Wein.
Dich liebt man zu Recht.
Schwarz bin ich, doch schön,
ihr Töchter Jerusalems,
wie die Zelte von Kedar,
wie Salomos Decken.
Schaut mich nicht so an, weil ich so schwarz bin!
Die Sonne hat mich verbrannt.
Meiner Mutter Söhne waren mir böse,
ließen mich Weinberge hüten.

Manchmal verstehen Brüder Schwestern nicht

die Tradition fortsetzen
den Besitzstand vermehren
die Anerkennung erhöhen

den Ruf hochhalten
den ungeschriebenen Gesetzen folgen
tun was man tut

das
ist nicht
meins

ich träume das Unwirkliche
glaube an das Unmögliche
denke das Unsagbare

riskier mich
trau mich
wag mich

ich bin
Lust
an der Liebe

Meinen eigenen Weinberg
habe ich nicht gehütet.

Sei du mein Gärtner!

Weinberge hüten
kann ich gut

ich jäte und
schneide
binde Rebzweige fest
schaue nach der Blüte
ich schneide
wo es notwendig ist
dünge
armen Boden
sorge und bin
achtsam

ihre Weinberge
habe ich gut gehütet

meinem Weinberg
habe ich das Träumen verboten
die Hoffnung
das Wachsen

ich habe mich
an der Blüte nicht erfreut
die Frucht
nicht willkommen geheißen

ich habe mich selbst so
beschnitten
dass ich mir das Leben verbot
das Wasser das Licht

vor lauter anderem
vergaß ich das eigene
vor lauter Sorgen
vergaß ich mich

ich will hingehen
und meinen Weinberg pflegen
ihn hüten und achten
sorgsam sein

und zart und
schneiden
und düngen
und lieben und lassen

ich bin dein Weinberg
und ich will blühen
und tragen
und Frucht bringen

sei du
mein Gärtner

Du, den meine Seele liebt,
sag mir: Wo weidest du die Herde?
Wo lagerst du am Mittag?
Wozu soll ich wie eine Verhüllte sein
bei den Herden deiner Gefährten?

Ich will wenigstens wissen
wohin ich denken kann

glücklich
traurig
und
sehnsüchtig
erfüllt

fast schon schmerzhaft
und zugleich voll Lust
irgendwo irgendwie
zwischen Himmel und Erde
Kopf und Schoß

und voll Angst
und voll Fragen
und doch
Verheißung Verlockung
sich verschenkende Fülle

achtsames Hören
hoffendes Ahnen
zartes Tasten
scheues Schauen
tanzende Freude

und
ich werde
ganz still

und es
schreit in mir

Ortsbestimmung

Lass mich nicht
im Ungewissen

sag
was los ist

ich weiß so wenig von dir
und mag dich so viel mehr

ich offenbare mich dir
ich genieße deine Nähe

ich freu mich am Kribbeln
am Lebendigsein

und ich verarme
wenn du dich dieser Nähe entziehst

ich falle ins Leere
mit all dieser ungeliebten Liebe

ich spüre fühle
ahne

ich bin Angst
und Lust

und du
bist nicht da

Ich möchte wenigstens wissen
wohin ich denken kann

Abschied genommen
aufgebrochen

sehnsüchtig geworden
und du bist mein Suchen

losgegangen
und du bist der Weg

dich hereingelassen
und du bist Nähe

hingegeben
und du bist Erfüllung

ich gehe dir nach
folge der Liebe

ich suche den Traum
glaube an die Erfüllung

ich lass mich erschüttern
und hoffe auf Zukunft

sag
wo weidest du deine Herde

zu dir
will ich kommen

bei dir
will ich
sein

Wenn du das nicht weißt,
du schönste der Frauen,
dann folge den Spuren der Schafe,
dann weide deine Zicklein dort,
wo die Hirten lagern!

Mit einer Stute an Pharaos Wagen
vergleiche ich dich, meine Freundin.
Schön sind deine Wangen zwischen den Kettchen,
dein Hals in den Perlenschnüren.
Machen wir dir noch goldene Kettchen,
kleine Silberkugeln daran!

Bis dorthin, wo der König an seiner Tafel liegt,
gibt meine Narde ihren Duft.
Ein Beutel Myrrhe ist mir mein Geliebter,
der zwischen meinen Brüsten ruht.
Eine Hennablüte ist mein Geliebter mir
aus den Weinbergen von En-Gedi.

Siehe, schön bist du, meine Freundin,
siehe, du bist schön.
Deine Augen sind Tauben.

Schön bist du, mein Geliebter, verlockend.
Frisches Grün ist unser Lager,
Zedern sind die Balken unseres Hauses,
Zypressen die Wände.

Unaufdringlich

sanftes Hauchen
leises Raunen
zartes Schmeicheln
lindes Streicheln

unwiderstehlich
verzaubernd
anmutig
verführend

knospende Blüte am Zweig
lockender Ruf eines Vogels
schmale Sichel des Mondes
raunendes Flüstern des Windes

mich
ganz zart
berühren lassen
von dir

von uns geträumt

ich möchte
mit dir
von dir
durch dich

Schöpfung sein
inmitten der Schöpfung
Begegnung sein
inmitten der Begegnung

nicht Haus
noch Heim
nicht Schutz
noch Schild

vorläufig
ungeborgen
verletzbar
empfindsam

bergend
schützend
trauend
träumend

lass mich
dich lieben

im Unterwegssein

Ich bin eine Blume des Scharon,
eine Lilie der Täler.

Wie eine Lilie unter Disteln,
so ist meine Freundin unter den Töchtern.

Wie ein Apfelbaum unter den Bäumen des Waldes,
so ist mein Geliebter unter den Söhnen.
In seinem Schatten begehre ich zu sitzen.
Wie süß schmeckt seine Frucht meinem Gaumen!

du streckst dich
dem Wind entgegen
von deinen Wurzeln gehalten

du blühst
reifst
und trägst Frucht

bist mitten im Leben
und das Leben
ist in dir

weil du stark bist
kannst du empfindsam sein
und verletzbar bleiben

du stellst dich
der Wirklichkeit
und traust dem Traum

du liebst das Leben
bei dir will ich ausruhen

deine Kraft ist mir Stütze
deine Stärke Geborgenheit

deine Behutsamkeit ist mir Wärme
deine Entschiedenheit Herausforderung

deine Nähe ist mir Ermutigung
deine Empfindsamkeit Lust

bei dir
kann ich ausruhen

bei dir
finde ich mich

mit dir
gehe ich

dem Leben
entgegen

In das Weinhaus hat er mich geführt.
Sein Zeichen über mir heißt Liebe.

Und doch bin ich
gefangen in meiner Angst
wird mir bang ums Herz
ich zögere und zaudere
verwirrt von Lust
und Scheu

du siehst
und hörst
und spürst
und weißt

und sagst
ganz einfach

komm

du streckst
die Hand aus

und ich
trau mich

ich wage
riskiere
bin

du weitest meine Enge
gibst mir Raum
führst meine Schritte ins Weite

Stärkt mich mit Traubenkuchen,
erquickt mich mit Äpfeln;
denn ich bin krank vor Liebe.

Touché

mir ist schwindlig
die Knie zittern
mein Herz schlägt wild
Träume jagen die Gedanken

lass mich
verlier mich
find mich
Füße wirbeln im Tanz

stammeln
staunen
taumeln
und große dunkle Augen

verrückt
verdreht
verzaubert
und ganz viel Sehnsucht

unter
der
Haut

Seine Linke liegt unter meinem Kopf, seine Rechte umfängt mich.

angekommen
aufgehoben

zufrieden
gestillt

zarte Wärme
dunkle Geborgenheit

ganz nah
ganz achtsam

dein Blick berührt
und Hände spüren

und einfach
nur sein

Bei den Gazellen und Hinden der Flur
beschwöre ich euch, Jerusalems Töchter:
Stört die Liebe nicht auf,
weckt sie nicht,
bis es ihr selbst gefällt!

Immer noch du schon wieder

Muss das sein?
es war so schön ruhig
ich kenne das doch schon
die letzten Wunden sind grad erst verheilt
ich hab dich nicht gerufen
mag nichts mit dir zu tun haben

... bis sie selber sich regt

du bringst Unruhe in mein Leben
stellst alles auf den Kopf
machst ein heilloses Durcheinander
aus Lust und Schmerz und Kraft
nein nicht schon wieder nicht mit mir
ich mach da nicht mit

... bis sie selber sich regt

ich verriegele die Tür
schließe die Fensterläden
verhänge die Bilder
verjage die Träume
und stell den Wecker
auf übermorgen

... bis sie selber sich regt

verdränge das Ahnen
leugne das Sehnen
fliehe den Schmerz
betrüge mein Herz
und verrate
mich selbst

... bis sie selber sich regt

aber Träume lassen sich nicht verbieten
das dumpfe Pochen
das Klopfen bleibt
das flaue süße Gefühl
und leiser Zweifel
vielleicht doch

... bis sie selber sich regt

der Schmerz holt mich ein
die Hoffnung wird stärker
mein Sehnen wird kraftvoller
das Herz klagt ein
und ich werde bereit
mich neu zu riskieren

... bis sie selber sich regt

ich stelle den Wecker ab
und hör was die Uhr geschlagen hat

ich lade meine Träume ein und färbe sie bunt
ich male neue Bilder und stelle sie aus
ich mach die Fenster auf
und lass die Wirklichkeit herein
und öffne die Tür

bin offen für
Liebe
Lust
und Schmerz

ich bekenne
ich habe mich ernsthaft gewehrt

aber ich glaube
sie hat sich wirklich von selbst geregt

Horch! Mein Geliebter! Sieh da, er kommt.
Er springt über die Berge, hüpft über die Hügel.
Der Gazelle gleicht mein Geliebter, dem jungen Hirsch.
Sieh da, er steht hinter unserer Mauer
er blickt durch die Fenster,
späht durch die Gitter.

Du willst mich
bedrängst mich
wirbst um mich

und
ich
gebe mich

dazwischen stehen
Mauern
Gitter

ich habe mich
zurückgezogen
habe mich geschützt

vor dir
und deiner Radikalität
und deinen Zumutungen

ich bin bereit
und doch
voll Angst

umkos meine Gitter
kletter durch die Fenster
verführ mich zu dir

und
ich
komme

Mein Geliebter hebt an und spricht zu mir:
Steh auf, meine Freundin,
meine Schöne, so komm doch!

ein leises
Rufen
kaum vernehmbar

ein Wort
ein Bild
ein Klang

fast schon vorbei
und doch
berührt

und aufgemerkt
und
hingehorcht

und ...

wachsende Unruhe
hoffendes Suchen
erwachende Hoffnung

und ...

zunehmende Gewissheit
bange Angst
fragendes Verstummen

und plötzlich Sehnsucht
Staunen Neugier
Lust und Traum

und Trauer
Abschied
Ungewissheit

und
dennoch
Vertrauen

zeig
mir

wohin ich
gehen soll

Denn vorbei ist der Winter,
verrauscht der Regen.
Die Blumen erscheinen im Land,
die Zeit zum Singen ist da.
Die Stimme der Turteltaube
ist zu hören in unserem Land.
Am Feigenbaum reifen die ersten Früchte,
die blühenden Reben duften.
Steh auf, meine Freundin,
meine Schöne, so komm doch!
Meine Taube in den Felsklüften,
im Versteck der Klippe,
dein Gesicht lass mich sehen,
deine Stimme hören!
Denn süß ist deine Stimme,
lieblich dein Gesicht.

Liebe
unbegrenzt
unendlich

du sagst ja
zu mir
und deiner Liebe

du nimmst mich
magst mich
so wie ich bin

deine Liebe umfasst
vereint
erlöst

du knüpfst
deine Liebe
nicht an Bedingungen

du liebst mich jetzt
und so wie ich bin
und nicht erst wenn und dann

weil du
nichts bist
als Liebe

befreit mich
deine Liebe

zu mir

Fangt uns die Füchse,
die kleinen Füchse!
Sie verwüsten die Weinberge,
unsre blühenden Weinberge.

Und ganz entschieden
die Liebe schützen

mir die Liebe nicht
stehlen lassen
von denen
die nicht lieben können

mir die Nähe nicht
wegreden lassen
von denen
die sich nicht riskieren

mir meine Hoffnung nicht
nehmen lassen
von denen
die fertig sind mit dem Leben

mir das Kribbeln nicht
ausreden lassen
von denen
die nicht verletzbar sind

mir die Kraft nicht
absprechen lassen
von denen
die sich nicht hingeben

sondern liebend sein
verletzbar bleiben
das Leben riskieren
mich schutzlos hineingeben

und das Recht
des Menschen schützen
zu lieben
und geliebt zu werden

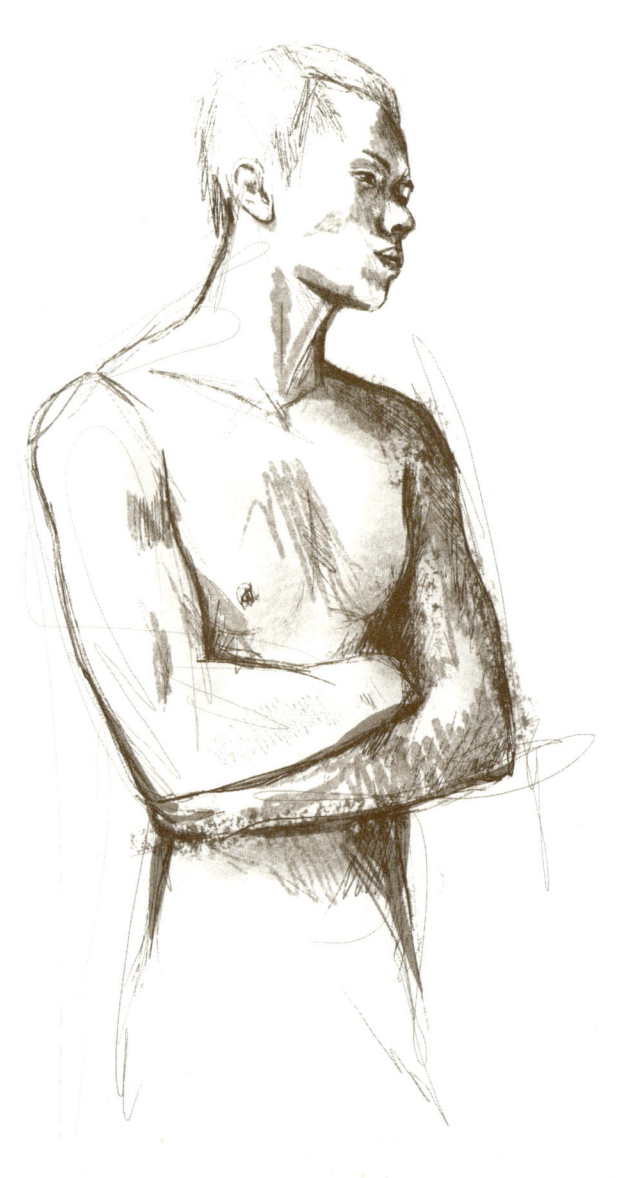

Mein Geliebter ist mein
und ich bin sein;
er weidet in den Lilien.

und
ganz leise
träumen

von
suchenden Fingern
auf sehnsüchtiger Haut

von
tastenden Händen
in bergenden Höhlen

von
hingebender Zartheit
in lockendem Dunkel

ganz leise
ganz zart

träumen
von dir

Wenn der Tag verweht
und die Schatten fliehen ...

ein leichter Wind kommt auf
Blätter wispern
Wolkenfetzen ziehen dahin
vom silbernen Glanz des Mondes
geheimnisvoll erhellt

Bäume werfen Schatten der Nacht
der leise Ruf eines träumenden Vogels
ein Hund schlägt an
der Duft blühender Sträucher
weht zart zu mir herüber

ich ahne die Wärme deiner Haut
die Zärtlichkeit deiner Finger
spüre dein Sehnen und Locken
atme deine Nähe
schmecke deine Lust

und in mir
werden Funken zu Flammen
wird Zartheit zur Leidenschaft
Sehnsucht leibhaftig
und ...

Geheimnis der Nacht
beschützt vom silbernen Licht des Mondes
behütet im Schatten des Baumes
bewahrt im Flüstern und Wispern

und im Herzen geborgen

... wende dich, mein Geliebter,
der Gazelle gleich oder dem jungen Hirsch
auf den Betarbergen.

dein sparsames Wort
deine zarte Geste
dein warmer Blick
dein selbstbewusster Stand
dein spielerisches Locken

machen mich schwach
lassen mich träumen
geben mir Kraft
stiften Verwirrung
und sind so unsagbar schön

dir
schenke ich
mein sehnsüchtiges Durcheinander
meine kraftvolle Schwäche
meine Freude an dir

komm
und lass uns genießen
wovon andere
im Dunkel der Nacht
nicht zu träumen wagen

Des Nachts auf meinem Lager suchte ich ihn,
den meine Seele liebt.
Ich suchte ihn und fand ihn nicht.

von Hoffnung getrieben
voll freudiger Gewissheit
Bangen und Angst
Traum und Zuversicht

warten
da sein für dich
zerrissen von Sehnsucht
hingebendem Verlangen

und Träume wandern
Gedanken erinnern
Augen lächeln
Worte liebkosen

mitten in meine Gedanken
die bange Frage
der Stich der Angst
der Stachel des Zweifels

dunkle Bilder
hinschwindende Hoffnung
zerfetzte Träume
schreiende Verlassenheit

der Schmerz
zerreißt
die Angst greift zu
die Verzweiflung vertreibt

im Dunkel der Nacht
wohnen Traum und Sehnsucht
Angst und Verzweiflung
nahe beieinander

Aufstehen will ich, die Stadt durchstreifen,
die Gassen und Plätze,
ihn suchen, den meine Seele liebt.

kostbar sind
die seltenen Stunden
in denen die Sehnsucht
mich umtreibt

mich nicht
zur Ruhe kommen lässt
vor lauter Hoffnung
Zweifel Glück

dass Sehnen
zur Suche wird

zum neuen Aufbruch
mitten ins Leben hinein

Ich suchte ihn
und fand ihn nicht.

Mich fanden die Wächter
bei ihrer Runde durch die Stadt.
Habt ihr ihn gesehen,
den meine Seele liebt?

Kaum war ich an ihnen vorüber,
fand ich ihn, den meine Seele liebt.
Ich packte ihn,
ließ ihn nicht mehr los,
bis ich ihn ins Haus meiner Mutter brachte,
in die Kammer derer, die mich geboren hat.

Bei den Gazellen und Hinden der Flur
beschwöre ich euch, Jerusalems Töchter:
Stört die Liebe nicht auf,
weckt sie nicht,
bis es ihr selbst gefällt!

beschwör sie nicht
lock sie nicht hervor
rufe sie nicht herbei

bleib ehrfürchtig
sei demütig
behutsam

Liebe
Urkraft
des Lebens

gewaltig
umfassend
ergreifend

wenn sie
dich
will

hat sie
dich
schon

umfasst dich
birgt dich
fordert heraus

packt dich
lässt dich nicht
zaust dich

liebevoll verspielt
herbe Zartheit
maßlose Zumutung

wehr dich nicht
wenn sie dich packt

gib dich ihr
wenn sie dich greift

aber weck nicht die Kraft
bis sie selber sich regt

Wer ist sie,
die heraufsteigt aus der Wüste
in Säulen von Rauch,
umwölkt von Myrrhe und Weihrauch,
von allen Wohlgerüchen des Händlers?

Sieh da, Salomos Sänfte!
Sechzig Helden geleiten sie
von Israels Helden, alle vertraut mit dem Schwert,
geschult für den Kampf.
Jeder trägt sein Schwert an der Hüfte
gegen die Schrecken der Nacht.

Einen Tragsessel ließ sich König Salomo zimmern
aus Holz vom Libanon.
Seine Pfosten hat er aus Silber gemacht,
seine Lehne aus Gold, seinen Sitz aus Purpur,
sein Inneres ausgekleidet mit Liebe
von den Töchtern Jerusalems.

Kommt heraus und schaut, ihr Töchter Zions,
König Salomo mit der Krone!
Damit hat ihn seine Mutter gekrönt
am Tag seiner Hochzeit,
am Tag seiner Herzensfreude.

Siehe, schön bist du, meine Freundin

du meinst mich
und entdeckst in mir
           was ich selbst nie sah

du sagst mir
Gutes zu und ich bin
           überrascht verwirrt

du bist
verliebt in mich und ich kann es
           nicht verstehen

du willst mich
so wie ich bin und ich
           zweifle zögere

du lockst und wirbst
lädst mich ein und ich
           scheue zurück

dein Kosen verwirrt
dein Schmeicheln wärmt
           meinst du wirklich mich

so schön bin ich nicht
so liebenswert kann ich gar nicht sein
           gilt dein Ja wirklich mir

du schmückst mich
           und ich halte
           zitternd still

Siehe, du bist schön.
Hinter dem Schleier
deine Augen wie Tauben.
Dein Haar gleicht einer Herde von Ziegen,
die herabzieht von Gileads Bergen.
Deine Zähne sind wie eine Herde
frisch geschorener Schafe,
die aus der Schwemme steigen,
die alle Zwillinge haben,
der Jungen beraubt ist keines von ihnen.
Wie ein purpurrotes Band sind deine Lippen
und dein Mund ist reizend.
Dem Riss eines Granatapfels
gleicht deine Wange hinter deinem Schleier.
Wie der Turm Davids ist dein Hals,
in Schichten von Steinen erbaut;
tausend Schilde hängen daran,
lauter Waffen von Helden.
Deine Brüste sind wie zwei Kitzlein,
die Zwillinge einer Gazelle,
die unter Lilien weiden.

Wenn der Tag verweht
und die Schatten fliehen,
will ich zum Myrrhenberg gehen,
zum Weihrauchhügel.
Alles an dir ist schön, meine Freundin,
kein Makel haftet dir an.

Mit mir vom Libanon, Braut,
mit mir kommst du vom Libanon,
vom Gipfel des Amana steigst du herab,
vom Gipfel des Senir und des Hermon,
von den Lagern der Löwen,
von den Bergen der Panther.

Verzaubert hast du mich,
meine Schwester Braut;
verzaubert mit einem Blick deiner Augen,
mit einer Perle deiner Halskette.

Wie schön ist deine Liebe,
meine Schwester Braut,
wie viel süßer ist deine Liebe als Wein,
der Duft deiner Salben
köstlicher als alle Balsamdüfte.
Honigseim tropft von deinen Lippen, Braut,
Honig und Milch sind unter deiner Zunge.
Der Duft deiner Kleider
ist wie der Duft des Libanon.

Ein verschlossener Garten ist meine Schwester Braut,
ein verschlossener Born,
ein versiegelter Quell.

Es ist beschlossen
es wird geöffnet

wer sich auf die Liebe einlässt
sich dazu bekennt
sich öffnet
und verletzbar macht

der kann nicht mehr zurück
der liebt
und ist der Liebe
und dem Leben zugewandt

ich bin
Liebe
und lade dich ein
zum Leben

komm
gib dich
lass mich
nimm mich

trau dir
trau mir
und dem
der die Liebe will

komm
ich lasse
dich
auch

aber komm

An deinen Wasserrinnen – ein Granatapfelhain
mit köstlichen Früchten,
Hennadolden samt Nardenblüten,
Narde, Krokus, Gewürzrohr und Zimt,
alle Weihrauchbäume, Myrrhe und Aloe,
allerbester Balsam.
Die Quelle des Gartens bist du,
ein Brunnen lebendigen Wassers,
das vom Libanon fließt.

Dich liebend
und von dir geliebt

Ich spür mich
ich atme
ich lebe
ich bin

in mir pulst es
rast es
jagt es
tobt es

ich trau mich
stell mich
lass mich
geb mich

von dir bewegt
von dir berührt
von dir erfüllt
von dir geliebt

und in mir sprosst das Grün in tausend
    Variationen
erfinden sich alle Farben neu
Früchte denken sich aus
und in mir wächst das Leben

ich bin Blüte und Duft
Knospe und Frucht
und Blatt und Stamm
und Wurzel und Halm

dich
liebend
und von dir
geliebt

spür ich mich
kraftvoll
bedenkenlos
lebendig

Nordwind, erwache! Südwind, herbei!
Durchweht meinen Garten,
lasst strömen die Balsamdüfte!

Blumen
erblühen in mir
in tausend Farben
Formen
Düften

durchströmen mich
lassen mich
zu Rose
Ginster
Rittersporn werden

ihr Winde kommt
durchweht mich
verströmt mich
verschenkt mich
zerzaust mich

du Nordwind
kalt und rau
fest und stark

du Südwind
schmeichelnd und sanft
zart und liebkosend

spielt mit mir
und lasst mich spielen
kost mich
und lasst mich kosen

umfangt mich
verweht mich
verwirrt mich
entzückt mich

kommt
und ich gebe mich

Mein Geliebter komme in seinen Garten
und esse von seinen köstlichen Früchten!

die Früchte
warten auf dich

reif und süß
prall und saftig

trau dich
und komm

spür sie
fühl sie

schmeck sie
genieß sie

trau dich
und komm

und nimm
sie

zart
und behutsam

Ich komme in meinen Garten,
meine Schwester Braut,
ich pflücke meine Myrrhe samt meinem Balsam,
ich esse meine Wabe samt meinem Honig,
ich trinke meinen Wein samt meiner Milch.

Den Unterschied aushalten

lange musste ich warten
bis du kamst

doch als du kamst
warst du da

du nimmst dir den Raum
und füllst mich aus

atmest den Duft meiner Wachheit
pflückst die Früchte meiner Liebe

sättigst dich mit meiner Nähe
stillst dich mit meinen beruhigenden
    Worten

berauschst dich an meiner Freude
nährst dich mit meiner Hingabe

deine Gesten der Nähe bleiben sparsam
du bist in dir

aber du kommst
und bist da

du erfüllst den Raum
und nimmst mich mit

riskierst dich in der Begegnung
und stellst dich dem Fragen

deine Zärtlichkeit
ist leise

tief
und genau

Esst, Freunde, trinkt, berauscht euch an der Liebe!

toll
verrückt
trunken vor Glück

stell ich
die Welt auf den Kopf
und mich dazu

erfüllt
von meiner Liebe zu dir
lass ich bunte Luftballons fliegen

verspinn ich mich in Zuckerwatte
geb die Schaukel nicht mehr her
und tanz im Wohnzimmer Walzer

mach ich das Unmögliche möglich
setz ich Gesetze außer Kraft
bin ich außer Rand und Band

ich flipp aus
ström über
geb mich her

ich lebe
bin lebendig
Saus und Braus
   ich liebe
   und lass mich
   toll machen
     von dir

Ich schlief,
doch mein Herz war wach.

verfolgt von Sehnsüchten
Zweifeln Hoffnung
und froh gejagt zu sein

flieh ich
den Tag

schmiege meine Träume
in die Nacht hinein
liebkose das vertraute Dunkel

du meine Schwester
Sehnsucht

gib meiner Unruhe Heimat
schenk den Träumen Kraft

lass mich den Sternen von ihm erzählen
und den Mond wissend schweigen

lass mich dem Wispern der Bäume glauben
und lauschen auf das Raunen der Gräser

süß schmecken meine Träume
meine Tränen verlangen nach dir

komm
ich habe so lang gewartet

Lockruf

Im Dunkel der Nacht
ungeduldig warten
auf den leisen Ruf
seiner Stimme

hellwach beben
freudig zaudern
fragen hoffen zweifeln
gewiss sein

träume ich Bilder
erfinde ich Worte
traue den Träumen
und habe zugleich unsagbar Angst

horch! er kommt!
ein Ahnen ein Raunen
und ganz leise sein
um ihn zu hören

vertraut betört
der Klang seiner Stimme
macht mich schwach
und unsagbar stark

verlockt mich
verführt mich
zum Fest der Sinne
hören sehen riechen schmecken

und dich spüren
ganz zart
und mich spüren lassen
von dir

Öffne mir, meine Schwester, meine Freundin,
meine Taube, meine Makellose,
denn mein Haupt ist voll Tau,
aus meinen Locken tropft die Nacht!

Ich habe mein Kleid schon abgelegt –
soll ich es wieder anziehen?
Meine Füße habe ich gewaschen –
soll ich sie wieder beschmutzen?

Mein Geliebter streckte die Hand durch die Luke;
da bebte mein Herz ihm entgegen.

es raunt
und kost
und spielt
und tanzt

ganz sanft
berührt sein
ein Schauern auf nackter Haut
und Lust und Bangigkeit

und Sturm
der packt und zaust
und tollt und greift
und tobt und jagt

kraftvoll
herausgerufen sein
mich hineinstellen
und an deiner Stärke wachsen

ganz tief
bewegt sein
umgetrieben sein
und die Herausforderung annehmen

kraftvoll zart
und genau

Ich stand auf,
meinem Geliebten zu öffnen.
Da tropften meine Hände von Myrrhe,
meine Finger von ausfließender Myrrhe
an den Griffen des Riegels.

Ich öffnete meinem Geliebten:
Doch mein Geliebter war weg, verschwunden.
Meine Seele war außer sich, als er zu mir sprach.
Ich suchte ihn und fand ihn nicht.

Ich rief ihn und er antwortete mir nicht.

Ich träum wolkenlos
bin vogelfrei
verletzbar wund
und du schweigst

die Rose schenk ich dir
Lust und Verlangen
ich zeig mich dir
und du nimmst mich nicht

und ich werde
hoffend wartend
schweige in mich hinein
und du findest das Wort nicht

und bin Rose und Träne
Ewigkeit und Augenblick
Sehnsucht und Verlangen
und du verweigerst dich

und ich bin
und suche dich
und du gibst dich nicht

manchmal
Leere
abgrundtief

und doch
komm ich nicht los
von dir

Da fanden mich die Wächter
bei ihrer Runde durch die Stadt;
sie schlugen, sie verletzten mich.
Meinen Mantel entrissen sie mir,
die Wächter der Mauern.

Ich beschwöre euch, Töchter Jerusalems:
Wenn ihr meinen Geliebten findet,
was sollt ihr ihm sagen?
Dass ich krank bin vor Liebe!

Hört
ihr Schwestern

ihr
wisst
wie das ist

zu lieben
und ihn nicht
zu finden

zu suchen
und nicht
gefunden zu werden

Lust und Angst
Kraft und Schmerz
Hoffnung und Verzweiflung

kommt
ihr
Schwestern

helft
mir
suchen

wenn ihr
ihn
findet

sagt ihm
ich bin krank
vor Liebe

Wer einmal geliebt hat
der ist gezeichnet
verletzt sein Leben lang

wer einmal geliebt hat
wird immer sehnsüchtig bleiben
und suchen sein Leben lang

wer einmal geliebt hat
weiß wovon er spricht
und wovon er schweigt

wer einmal geliebt hat
der ist zu allem bereit
und hat das Abenteuer gelernt

wer einmal geliebt hat
der ist behutsam geworden
und verletzlich

wer einmal geliebt hat
der gibt alles hin
weil er alles bekommt

wer einmal geliebt hat
ist sehnsüchtig
nach dem Leben

Was hat dein Geliebter den andern voraus,
du schönste der Frauen?
Was hat dein Geliebter den andern voraus,
dass du uns so beschwörst?

mein Geliebter ist schön
schön ist mein Geliebter

und ich liebe
den Geliebten

mehr
kann ich nicht sagen

es gibt keine Antwort
auf eure Frage

ich weiß nicht
warum wieso

und
wer weiß

wenn ich es wüsste
ob ich es sagte

lasst uns
unser Geheimnis

dringt nicht
in mich

erforscht
mich nicht

lasst uns
die Liebe

erklärt sie
nicht

Wunder
kann man

nur
besingen

Mein Geliebter ist weiß und rot,
ausgezeichnet vor Tausenden.
Sein Haupt ist reines Gold,
seine Locken sind Rispen, rabenschwarz.
Seine Augen sind wie Tauben an Wasserbächen,
gebadet in Milch, sitzend am Wasser.
Seine Wangen sind wie Balsambeete,
darin Gewürzkräuter sprießen,
seine Lippen wie Lilien;
sie tropfen von flüssiger Myrrhe.
Seine Hände sind Rollen aus Gold,
mit Steinen aus Tarschisch besetzt.
Sein Leib ist eine Platte aus Elfenbein,
mit Saphiren bedeckt.
Seine Schenkel sind Säulen aus Marmor,
auf Sockel von Feingold gestellt.
Seine Gestalt ist wie der Libanon,
erlesen wie Zedern.
Sein Gaumen ist Süße,
alles ist Wonne an ihm.

**Schön bist du, mein Geliebter,
ja, schön bist du!**

Du bist kraftvoll
wie ein junger Löwe
stehst fest
wie der Stamm einer alten Eiche

deine Hände sind zart
und doch greifst du fest zu
deine Arme sind stark
und doch berührst du sanft

wenn du lachst
kommt es tief von innen heraus
wenn dich etwas berührt
geht es tief nach innen hinein

wenn du nachdenkst
denkt deine Stirn
denken deine Hände
denken deine Füße

wenn du genießt
genießt dein Mund
genießen deine Augen
deine Ohren

du ruhst in dir
und stellst dich kraftvoll
dem Anderen gegenüber
und bleibst doch ganz empfindsam

du hörst
und denkst
und bist
und sagst

schön bist du
mein Geliebter
ja
schön bist du

ich freue mich an deiner Kraft
lasse mich verwöhnen
von deiner Behutsamkeit
mitnehmen von deiner Entschiedenheit
anstecken von deiner Verspieltheit

bleib
wenn du gehst
wird mein Leben
ärmer

Das ist mein Geliebter,
ja, das ist mein Freund,
ihr Töchter Jerusalems.

deine Arme bergen
deine Augen fragen
deine Lippen locken

überrascht
erstaunt
verwirrt

lass mich los
halt mich an dir fest
geb mich hinein

ganz leise
erzählen deine Finger
die uralt-neue Geschichte

ganz sacht
träumt meine Haut
an deiner Haut

und alles
sehnt sich

Wohin ist dein Geliebter gegangen,
du schönste der Frauen?
Wohin wandte sich dein Geliebter?
Wir wollen ihn suchen mit dir.
Mein Geliebter ging in seinen Garten
hinab zu den Balsambeeten,
um in den Gärten zu weiden, um Lilien zu pflücken.

du traust
den Knospen nicht
willst den Blüten
nicht glauben

du verbietest dir
das dazwischen
das zwischen allem und nichts
fühlst dich gedrängt herausgefordert

täusch dich nicht
du bist eingeladen
es gibt Zwischentöne
trau meinen Grenzen

trau mir
trau dir
damit wir uns endlich
begegnen können

wohin gehst du
Geliebter
komm doch
zu mir

ich bin da
für dich

Ich gehöre meinem Geliebten und mein Geliebter
gehört mir, der unter Lilien weidet.

bewegt
von der Sehnsucht
berührt
von der Kraft

such ich dich
ohne dich zu finden
bin ich in dir
ohne dich zu erkennen

spüre ich deine Nähe
lass ich mich los
geb mich dir hin
um uns zu finden

berauscht
vom Ahnen
befreit
durch dein Sein

liebe ich dich
spür ich mich

ich geb
mich dir

und du
hast dich schon längst

gegeben

Und ich blühe

Ich liebe dich
sei mein

ich liebe dich
und bin dir

    Herausforderung
    Heimat
    Geborgenheit
    Lust
    Zartheit
    Empfindsamkeit
    Unterschiedlichkeit
    Gemeinsamkeit
    Nähe
    Distanz
    Treue
    Fantasie
    Kraft

komm
lass dich ein auf mich

komm und sei du
mir

Schön bist du, meine Freundin, wie Tirza,
lieblich wie Jerusalem,
Furcht erregend wie Heerscharen.
Wende deine Augen von mir,
denn sie verwirren mich.

Dein Haar gleicht einer Herde von Ziegen,
die herabziehen vom Gilead.
Deine Zähne sind wie eine Herde von Mutterschafen,
die aus der Schwemme steigen,
die alle Zwillinge haben,
der Jungen beraubt ist keines von ihnen.
Dem Riss eines Granatapfels gleicht deine Wange
hinter deinem Schleier.

Sechzig Königinnen sind es,
achtzig Nebenfrauen
und junge Frauen ohne Zahl,
doch einzig ist meine Taube,
meine Makellose,
die Einzige ihrer Mutter,
strahlend rein für jene,
die sie gebar.
Töchter sehen sie
und preisen sie glücklich,
Königinnen und Nebenfrauen rühmen sie.

Wer ist,
die da erscheint wie das Morgenrot,
wie der Mond so schön,
strahlend rein wie die Sonne,
Furcht erregend wie Heerscharen?

In den Nussgarten stieg ich hinab,
um nach den Trieben am Bach zu sehen,
um zu sehen, ob der Weinstock treibt,
ob die Granatbäume blühen.
Da entführte mich meine Seele,
ich weiß nicht wie,
zu den Wagen Amminadibs.

Ich weiß schon

mehr als bereit
mich zu verlieben

ausgehungert genug
um mich einzulassen

kraftvoll genug
um mich dir auszusetzen

geduldig genug
um zu warten

klug genug
um zu lassen

und doch bin ich
ganz Gefühl

Kribbeln und Schmerz
Nähe und Zumutung

Klage und Freude
Lied und Kraft

Lust und Laune
Leid und Hoffnung

entführ mich!

ich denke nicht dran
mich zu wehren

Wende dich, wende dich, Schulammit!
Wende dich, wende dich,
damit wir dich anschauen!
Was wollt ihr Schulammit anschauen
wie beim Tanz der beiden Lager?

Allegro

Meine Liebe zu dir
ist zart und verspielt
sinnig und einfallsreich
wild und ausdauernd
behutsam und drängend

Leichtigkeit mit dunklen Tönen
Verspieltheit mit abgrundtiefem Ernst
Zartheit mit unstillbarem Verlangen
dich herausfordern und
mich anschauen lassen

keine Pauken und Trompeten
eher Harfe und Flöte
Horn und Schalmei
und doch im Hintergrund
die Trommel

Stampfen der Füße
Klatschen der Hände
Drehen im Kreis
Tanzen im Reigen
Verharren in der Bewegung

Herausforderung im Beharren
Einladung zum Spiel
mich in den Rhythmus hineinbegeben
Melodie sein
und leise Töne locken

leise Töne
mit Pfiff

Wie schön sind deine Füße in den Sandalen,
du Fürstentochter!
Deiner Hüften Rund ist wie Geschmeide,
gefertigt von Künstlerhand.
Dein Nabel ist eine runde Schale,
Würzwein mangle ihm nicht.
Dein Leib ist ein Weizenhügel,
mit Lilien umstellt.
Deine Brüste sind wie zwei Kitzlein,
Zwillinge einer Gazelle.
Dein Hals ist wie ein Turm aus Elfenbein.
Deine Augen sind die Teiche zu Heschbon
beim Tor von Bat-Rabbim.
Deine Nase ist wie der Libanonturm,
der gegen Damaskus schaut.
Dein Haupt auf dir ist wie der Karmel;
wie Purpur sind deine Haare;
ein König liegt in den Locken gefangen.

Wie schön bist du und wie reizend,
Liebe, Tochter aller Wonnen!
Wie eine Palme ist dein Wuchs;
deine Brüste sind wie Trauben.
Ich sage: Ersteigen will ich die Palme,
ich greife nach ihren Rispen.
Wie Trauben am Weinstock seien mir deine Brüste,
wie Apfelduft sei der Duft deines Atems
und dein Gaumen wie guter Wein,
der meinem Freund glatt hinuntergeht,
der die Lippen der Schlafenden netzt.

Ich gehöre meinem Geliebten
und ihn verlangt nach mir.

du hast mich
verzaubert
verzaubern
lass ich mich

geh mit mir
sei mit mir
berausch mich
verzück mich

komm mit
ich weiß was
hab was
zeig dir was

wenn du
dich traust
stellen wir die Welt
auf den Kopf

Komm, mein Geliebter,
wandern wir auf das Feld,
schlafen wir in den Dörfern!

abseits der Straße
ganz für uns
du und ich
nur wir zwei
und die Elster
und der Eichenbaum

fern der Stadt
von fesselnden Mauern befreit
den neugierigen Blicken
der Menschen entzogen
niemandem Erklärungen schuldig
und uns nicht zeigen müssen

dort wo der Haselnussstrauch
mit seinen Zweigen Schutz gibt
die Krähe uns nicht verrät
der Klatschmohn wissend lächelt
das Gras unser Lager ist
und der Wald unser Zuhaus

uns finden in der
Vertrautheit der Fremde
dem Abenteuer des Unterwegsseins
der Geborgenheit im Vorläufigen
der Verbundenheit zu allem was lebt
der Liebe zum allumfassend Liebenden

Früh wollen wir dann zu den Weinbergen gehen
und sehen, ob der Weinstock treibt,
ob die Rebenblüte sich öffnet,
ob die Granatbäume blühen.
Dort schenke ich dir meine Liebe.

Wenn ich liebe
dann liebe ich dich
und liebe in dir Gott
der dich geschaffen hat
und liebe in dir
Weinstock und Apfelbaum
den Ruf der Amsel am Morgen
und das Rot der Abenddämmerung
das vertrocknete Blatt am Ast
und das fröhliche Lachen des Kindes
das verhärmte Gesicht der alten Frau
und die Knospe am Kirschblütenzweig

wenn ich liebe
liebe ich dich
und das Leben
und den Gott
der das Leben will

wenn ich liebe
umfasst meine Liebe
dich und mich
und Stein und Blatt
und Tier und Baum
und Mensch und Mensch

wenn ich liebe
bin ich liebend
entgrenzend
umfassend
ohne Anfang und ohne Ende
alles oder nichts

Liebe ruft wach macht sinnlich
empfindsam
zart
verletzbar

wenn ich liebe
gebe ich mich hin
lasse mich berühren
gebe mich und erlebe die Verbundenheit

komm, lass uns nach den Kirschblüten
schauen
und lass mich dir meine Liebkosungen
schenken

Die Liebesäpfel duften;
an unsren Türen warten alle köstlichen Früchte,
frische und solche vom Vorjahr;
für dich hab ich sie aufgehoben, mein Geliebter.

du berührst mich
ganz zart
und greifst doch
fest zu

dein Streicheln
liebkost
deine Zärtlichkeit
schmeichelt

deine Entschiedenheit
fordert heraus
deine Verspieltheit
steckt an

wenn ich dich anschaue
werde ich trunken vor Glück
bin außer mir vor Begehren
bin bei mir in aller Sehnsucht

deine Schönheit
spiegelt sich in mir
und ich spiegele
deine Schönheit

du bist
in mir
und ich
bin ...

Ach, wärst du doch mein Bruder,
genährt an den Brüsten meiner Mutter.
Träfe ich dich draußen,
ich würde dich küssen
und niemand dürfte mich deshalb verachten.

Führen wollte ich dich,
in das Haus meiner Mutter dich bringen,
die mich erzogen hat.
Würzwein gäbe ich dir zu trinken,
von meinem Granatapfelmost.

Seine Linke liegt unter meinem Kopf,
seine Rechte umfängt mich.

Ich beschwöre euch, Jerusalems Töchter:
Was stört ihr die Liebe auf,
warum weckt ihr sie,
ehe ihr selbst es gefällt?

Wer ist sie,
die aus der Wüste heraufsteigt,
auf ihren Geliebten gestützt?

Unter dem Apfelbaum habe ich dich geweckt,
dort, wo deine Mutter dich empfing,
wo deine Gebärerin in Wehen lag.

Leg mich wie ein Siegel auf dein Herz, wie ein Siegel auf deinen Arm!

ich sag mich
dir zu
ich geb mich
dir ganz

vorbehaltlos
bedingungslos
hier und jetzt
ohne wenn und aber

ich geb mich ganz
halte nichts zurück
sichere mich nicht ab
bau keine Hintertür ein

ich geb mich dir
mit meinem Sein
mit meinem Weg
mit meinem Wachsen

ich sag mich dir zu
mit meiner Treue
und meiner Lebendigkeit
und all dem Unerkannten in mir

ich mute mich dir zu
mit all dem
was unerlöst ist
und auf Befreiung wartet

ich verspreche
dir nicht
die zu bleiben
die ich bin

ich verspreche
dir alles
zu tun die zu werden
die ich vor Gott sein soll

und diesen Weg
zu gehen
in Treue
zu dir

**Denn stark wie der Tod ist die Liebe,
die Leidenschaft ist hart wie die Unterwelt!**

Liebe
der Anfang
der Zauber
das Alles

alles glauben können
trotz allem hoffen dürfen
liebend sein
weil du mich liebst

Tod
das Ende
das Nichts
die Hölle

nicht mehr glauben können
nicht mehr hoffen dürfen
nicht mehr lieben können
fertig sein

ich will lieben
mit dem Leben
und will lieben
gegen den Tod

Ihre Gluten sind Feuergluten,
gewaltige Flammen.
Mächtige Wasser können die Liebe nicht löschen,
auch Ströme schwemmen sie nicht hinweg.

Liebe bricht auf
treibt um
geht in die Tiefe
glaubt dem Traum

Liebe ergreift
weckt die Sinne
taucht alles
in ein anderes Licht

Liebe erfüllt
fließt über
schenkt sich her
in die Schöpfung hinein

Liebe geht mit
weint und lacht
tröstet und hält
lockt und birgt

Liebe traut
und sagt zu
glaubt und
lässt sich erfüllen

Liebe entflammt
reißt mit
lässt nicht mehr los
und fordert

Liebe
will
mein Ja
zum Leben

Böte einer für die Liebe
den ganzen Reichtum seines Hauses,
nur verachten würde man ihn.

zu lieben
ist weder
machen
noch tun

und geht nicht
mit Kopf
Wissen
Verstand

lässt sich
nicht einplanen
und nicht
vorherbestimmen

Liebe
entzieht sich
der
Verfügbarkeit

stellt sich
dem Wollen
und Haben
entgegen

Liebe
ist
oder
ist nicht

will
ganz
oder
gar nicht

will
alles
oder
nichts

zu lieben
ist Segen
und
Geschenk

und geliebt
zu werden

Gnade

Wir haben eine kleine Schwester,
noch ohne Brüste.
Was tun wir mit unsrer Schwester am Tag,
da jemand um sie wirbt?
Ist sie eine Mauer,
bauen wir silberne Zinnen auf ihr.
Ist sie eine Tür,
versperren wir sie mit einem Zedernbrett.

Ich bin eine Mauer
und meine Brüste sind wie Türme.
Da hab ich in seinen Augen
Frieden gefunden.

Salomo besaß einen Weinberg in Baal-Hamon;
den Weinberg übergab er Hütern.
Für seine Frucht wird jeder
tausend Silberstücke bezahlen.
Mein eigener Weinberg liegt vor mir.
Die tausend lass ich dir, Salomo,
und zweihundert noch denen,
die seine Frucht hüten.

mag sein
dass es schönere
größere Weinberge gibt

aber was soll ich sie hüten
was soll ich sie pflegen
wenn sie nicht mein sind

ich lasse sie euch
mögen andere sie hüten
mögen andere sich für Lohn verdingen

ich will mein Land bestellen
will achtsam sein für das Leben
in mir und um mich

ich will nach mir schauen
nach meinen Knospen und Blüten
nach meinen Zweigen und Wurzeln

ich will mich freuen
an meinen Früchten und Trieben
am Wachsen und Reifen

und ich will mich spüren
im Mühen und Schaffen
im Tun und Plagen

will pflanzen graben jäten
gießen schneiden hacken
ernten keltern ausbauen

ich werde mein Land bestellen
lege Hand an für das Leben
für mein Leben

und ich werde blühen und reifen
und Frucht tragen und wachsen
und lieben und leben

mit dir

Die du in den Gärten weilst,
auf deine Stimme lauschen die Freunde;
lass sie mich hören!

Flieh mein Geliebter,
der Gazelle gleich, dem jungen Hirsch
auf den Balsambergen!

EIN ENDE – ODER EIN ANFANG?
Warum wir mehr Erotik brauchen ...

Wenn Sie dieses Buch durchgelesen haben, haben Sie neben meinen Gedichten auch den ganzen Text eines Buches der Bibel gelesen: das »Hohe Lied« oder das »Lied der Lieder«, wie es im hebräischen Original heißt. Immer wieder erstaunt es Menschen, dass solch ein erotischer Text in der Bibel zu finden ist. Eine junge Frau, ein junger Mann geben sich dem Spiel der Sehnsucht hin, mit allen Sinnen. Ein »Brautlied« zur Hochzeit wurde es genannt (obwohl der Text gar nicht von Ehe spricht ...). Nur einmal kommt der Gottesname vor: Die Liebe zwischen den Sehnsüchtigen ist wie »Feuer Gottes« (die Einheitsübersetzung übersetzt »gewaltige Flammen«). Sie ist stark – und das muss sie auch sein, denn wer liebt, wird verletzlich.

Nein, einfach ist das mit der Liebe nicht. Wenn ich liebe, mach ich mich berührbar, ja muss ich mich berührbar machen, damit ich den anderen auch spüren kann. Dadurch aber werde ich zugleich verletzbar, angreifbar, verwundbar. Liebe entgrenzt mich – aber damit fällt auch der Schutz meiner Grenzen weg. Wer liebt, kommt nicht unverletzt davon.

Eros – das ist kein Machen und Tun, sondern eine Haltung, eine Einstellung. Da bin ich mit allen Sinnen gefragt, mit Haut und Haaren, mit Leidenschaft und Gänsehaut und Kribbeln im Bauch. Und bevor irgendein Missverständnis aufkommt: Erotik ist nicht einfach mit Sexualität gleichzusetzen. Beide können sehr viel, aber auch gar nichts miteinander zu tun haben. Es gibt eine unerotische Sexualität, genauso wie es eine Erotik gibt, die nicht sexuell gestaltet und gelebt wird. Erotik, so wie ich sie verstehe, meint eine »Lust«, ein Interesse am anderen, ist etwas, das mich herausfordert, manchmal ein Leben lang. Eros – das ist die Lust am Leben mit all dem, was dazugehört. Sie verträgt sich nicht mit Machtdenken oder Herrschaft über andere, sondern findet auf Augenhöhe statt, ist Einladung und verzauberndes Spiel. Es gibt Menschen, die sind erotisch – und das ist keine Frage von Alter oder Schönheit. Von ihnen geht etwas aus, sie faszinieren, da zieht was an. In ihrer Nähe wird man selbst lebendiger. Wenn man sich auf diese Energie einlässt, wird man herausgefordert, entdeckt in sich Dinge, die man vorher nicht sah ...

Das Gegenteil davon sind unerotische Menschen, Gruppen, Termine ... da passiert eigentlich nichts. Man fühlt sich irgendwie gelangweilt, unterfordert, leer. Da wirkt alles ein bisschen trist, tot, traurig – auf jeden Fall nicht besonders ansteckend oder gar überzeugend. Regeln werden befolgt, Normen erfüllt, Tagesordnungspunkte abgehakt, man verschanzt sich in seiner Burg und macht die Tür hinter sich zu. Ordnung ist die erste Bürgerpflicht und Ruhe die zweite. Und dem Leben setzt man sich lieber nicht aus – weiß man, was da kommen mag?

Die Texte des »Hohen Liedes« sprechen eine andere, eine erotische Sprache, sind sozusagen ein »Gegenprogramm«. Sie laden dazu ein, sich mutig auf das Abenteuer Leben einzulassen, der Liebe und der Lust Raum zu geben, Neues zu entdecken, dem Zauber zu trauen. Aber: Wo kommen wir denn da hin? Sodom und Gomorra, Chaos, Anarchie ... die Anwälte der Nicht-Erotik haben manche Argumente. Und wer Macht haben und Kontrolle ausüben will, der kann Eros sowieso nicht gebrauchen. Das macht Liebe für manche so »gefährlich«, dass sie am besten gezähmt werden soll.

Deshalb hat es wohl auch schon zu der Zeit, als die
Bücher der Bibel zusammengestellt wurden, heftige Dis-
kussionen darüber gegeben, ob eine solche Sammlung von
erotischen Liedern in die »Heilige Schrift« der Bibel auf-
genommen werden sollte. Sowohl im Judentum wie auch
im Christentum haben sich Menschen damit schwergetan.
Das »Hohe Lied« wurde dann oft als eine Beschreibung
der Beziehung zwischen Gott und seinem Volk Israel oder
zwischen Jesus Christus und der Kirche als »Braut Christi«
gedeutet. Das kann man natürlich so machen – und es ist
sicher auch nicht falsch. Es kommt wohl nicht von unge-
fähr, dass viele Mystiker und Mystikerinnen ihre Erfahrun-
gen mit Gott in diesen Liedern, ihren Bildern, ihrer eroti-
schen Sprache wiederfanden. Denn wie zwischen zwei
Liebenden ist es auch zwischen Gott und einem Men-
schen: Da funkt was, da geht was zwischen mir und dem
anderen hin und her, da bewegt sich was, da gibt es, in
einem guten Sinn, Spannung. Da spüren Menschen ihre
Lebendigkeit, da schwingt etwas mit, das ansteckt, ergreift.
Da fliegen manchmal die Fetzen, da gibt es Krach und Ver-
söhnung, da gibt es dramatische Beziehungskisten – aber
da lebt was. Man traut sich, wagt etwas, probiert etwas aus
– und geht möglicherweise auch mal ein Risiko ein.

Aber Eros alleine auf die Beziehung zu und mit Gott zu
begrenzen, wird ihm genauso wenig gerecht, wie Gefühle
und Leidenschaften nur auf ein konkretes menschliches
Gegenüber zu konzentrieren. Eros ist eine Kraft, die
etwas mit meiner Haltung zum Leben zu tun hat: gegen-
über dem Menschen, den ich liebe, den Menschen, mit
denen ich lebe, gegenüber Ideen und Visionen – und auch
gegenüber Gott.

Ich glaube: Gott selbst ist Eros, Beziehung, Leiden-
schaft. Er ist der Schöpfer des Lebens und von allem

Lebendigen. Jesus selbst hat es uns vorgelebt. Er hat bei der Hochzeit zu Kana mitgefeiert, ließ sich von einer Frau die Füße salben, hat geweint und wahrscheinlich auch gelacht, hat Menschen berührt und sie aus dem Tod zum Leben geführt. Und er strahlte etwas aus, was Menschen so angezogen hat, dass sie alles verlassen haben, um ihm nachzufolgen.

Unserem Miteinander – als Menschen, als Paare, in der christlichen Gemeinde – würde jedenfalls etwas mehr Erotik (und auch Mystik!) durchaus gut tun. Und ich bin mir sicher, dass dies dann auch in die Welt hinaus strahlen und leuchten würde. Die Texte des »Hohen Liedes« könnten uns immer wieder daran erinnern. Deshalb stehen sie in der Bibel – neben den Zehn Geboten und der Bergpredigt und den vielen Geschichten von Tod und Leben. Sie sind eine Liebeserklärung an das Leben.

Früh wollen wir dann zu den Weinbergen gehen
und sehen, ob der Weinstock treibt,
ob die Rebenblüte sich öffnet,
ob die Granatbäume blühen.

Die Einladung steht.

VERZEICHNIS DER ZITATE
AUS DEM BIBLISCHEN BUCH HOHESLIED

Andrea Schwarz gehört zu den meistgelesenen christlichen Schriftsteller:innen unserer Zeit. Die Autorin, viele Jahre im pastoralen Dienst tätig, lebt »kurz vor der Nordsee« und ist mit Kursen und Vorträgen im ganzen deutschsprachigen Bereich unterwegs.

Die Künstlerin **Beate Klein** lebt mit ihrer Familie am Niederrhein in Straelen bei Kleve. Dort betreibt sie seit vielen Jahren auch eine Malschule für Kinder, Jugendliche und Erwachsene.

Die Verlagsgruppe Patmos ist sich ihrer Verantwortung gegenüber unserer Umwelt bewusst. Wir folgen dem Prinzip der Nachhaltigkeit und streben den Einklang von wirtschaftlicher Entwicklung, sozialer Sicherheit und Erhaltung unserer natürlichen Lebensgrundlagen an. Näheres zur Nachhaltigkeitsstrategie der Verlagsgruppe Patmos auf unserer Website www.verlagsgruppe-patmos.de/nachhaltig-gut-leben

Alle Rechte vorbehalten
© 2024 Patmos Verlag
Verlagsgruppe Patmos in der Schwabenverlag AG, Ostfildern
www.verlagsgruppe-patmos.de

Gestaltung: Finken & Bumiller, Stuttgart
Umschlagabbildung und alle Illustrationen: © Beate Klein
Druck: Finidr s. r. o., Český Těšín
Hergestellt in Tschechien
ISBN 978-3-8436-1520-4